분홍 감기

분홍 감기

시산맥 기획시선 114

초판 1쇄 인쇄 | 2023년 10월 04일
초판 1쇄 발행 | 2023년 10월 10일

지은이 민은숙
펴낸이 문정영
펴낸곳 시산맥사
편집주간 김필영
편집위원 신정민 최연수
등록번호 제300-2013-12호
등록일자 2009년 4월 15일
주소 03131 서울특별시 종로구 율곡로 6길 36. 월드오피스텔 1102호
전화 02-764-8722, 010-8894-8722
전자우편 poemmtss@naver.com
시산맥카페 http://cafe.daum.net/poemmtss

ISBN 979-11-6243-408-6 (03810)

값 10,000원

* 이 책은 충청북도, 충북문화재단의 후원을 받아 예술창작활동지원사업의 일환으로 발간되었습니다.
* 이 책은 전부 또는 일부 내용을 재사용하려면 반드시 저작권자와 시산맥사의 동의를 받아야 합니다.
* 이 책은 교보문고와 연계하여 전자북으로 발간되었습니다.
* 본문 페이지에서 한 연이 첫 번째 행에서 시작될 때에는 〈 표기를 합니다.
* 저자의 의도에 따라 작품의 보조 동사와 합성 명사는 띄어쓰기가 달라질 수 있습니다.

분홍 감기

민은숙 시집

■ 시인의 말

모서리에서 튀어나온
꽃샘추위에 부르튼 봄
우듬지에서 터트린
붓꽃 가꾼 날씬한 여름
담뿍 담은 꽃내음 속에서
찌릿한 가을
사무친 별 달아줄 겨울

소녀는 어느새 여인이 되었습니다.

2023년 가을,
민은숙

■ 차례

1부

꽃, 수를 놓다	19
봄이 올라탔다	20
미친 하늘	22
중독	24
분홍 감기	26
오래된 고백	28
발등 찍혔다	30
어떤 새의 이력서	32
나들목에서	33
로사리오	34
계주	36
롤하는 남자	38
아름다운 당신을 위하여	40

2부

행동중독　　　　　　　　　　45
꽃의 다크 서클　　　　　　　46
어린 잠　　　　　　　　　　48
사랑의 질량　　　　　　　　50
그녀 방엔 드라큘라가 산다　52
오픈 채팅방　　　　　　　　54
글자 없는 거리에서　　　　　56
가방을 완독했습니다　　　　58
으스름 깊은 언덕에서　　　　60
빗속의 남자　　　　　　　　62
되고 싶다, 그래도 되고 싶다　63
환상통　　　　　　　　　　　64
날 내놓아야 한다　　　　　　65

3부

모다깃비	69
대파꽃	70
호명	72
탈출을 꿈꾼 ASMR	73
구절초	74
탬버린	76
로꾸거 새집	78
현 인류의 웨딩	79
유리창 동그라미	80
가을이 떨어지던 날	82
사이버 연인	84
쇼팽 빗방울 전주곡	85
기억 상실증	86

4부

그가 왔다	91
사랑하면 예뻐지나요	92
겨울 단편	94
챗 GPT	95
메타버스	96
길랭바레 증후군	98
거인과 그대 그리고 기후	99
참아 주세요	100
남은 명패 한 조각	102
붉은 그늘	104
이웃의 역습	105
유자철선은 눈물을 보여주지 않는다	106
알리바바의 도둑들	108

■ 해설 | 이화영(시인, 문학박사)	111

1부

꽃, 수를 놓다

그녀는 소녀지

소녀의 얼굴로
연보라 수수꽃다리 입고 걸어다니지

낮달이 표정을 그려주고
해거름이 그녀의 손 부여잡지

어둠이 하루를 씻기고
저녁이 얼굴 두드리면
그가 그녀에게 꽃, 수를 놓지

다시 분홍 저녁처럼 피어오른 봄의 가지들

거울 속에서 그녀의 붉은 실이
사부작거리고 있지

그가 촘촘히 묶은 것은
붉은 실, 그녀
여전히 향기 품은 흰 꽃이라지

봄이 올라탔다

그가 달콤한 아침을 빗질하고 있다

빗이 지나간 곳마다 봄이 올라탔다

가슴에는 흐뭇한 풀물이

이마에는 따뜻한 찻물이

볼에는 꽃물이

꿈틀거리는 그녀의 입꼬리에서 그가 타들어간다

살랑이는 나비가 날아올라

그의 보따리를 열어본다

쫄깃한 사연을 묻어둔 수선화가

그 안에 피어 있다

구슬비가 매발톱에 찰싹 안겨 있다

〈
'올라탄다'라는 문장이 아지랑이에 잠긴다

들 뜬 그녀 목소리가 매화향이다

미친 하늘

시도 때도 모르게 풀어져 있다

텅 빈 화원이 얼마나 시렸으면
계절을 읽다 놓친 것일까

심장이 고장 난 그이는
꽃을 넘보는 황소 보고 뒷걸음친 걸까

소나무 톡톡 두드리는 솜털 같은 봄날에
날개로 가른 새가
한낮을 털어내고 있다

아랫것들,
나 여기 있다

사랑이 풀린 시선들에 경종을 울리는 저

머리 헝클어진 하늘
가냘픈 봄이 에인다

삭풍처럼 나를 속이는 저 눈빛은

빠져들 수밖에 없는 깊은 늪

가끔은 그도 캄캄해지고 싶은 그런 날이 있다

중독

눈을 감기는 따뜻한 눈동자가 있다

그윽한 잔향을 불러 모아

당신을 껴안은 꽃잎들

불안이 잦아들고 눈물이 선명해진다

초콜릿이 녹아들 듯

몽글몽글한 당신이 부르는 나지막한 허밍

내게 준 감미로우면서 씁쓸한 눈동자가
피루엣*으로 뽀얗게 웃는다

한쪽이 기울어진 결핍을 깨우는 파쎄**

꽃잎의 자세로 날아오른다

당신의 호흡 속에서 메마른 입술에 그리움이 닿는다
〈

가뿐한 몸이 샤즈망***을 뛴다

춤은 중독의 꽃잎이다

* 피루엣 : 한 발을 축으로 팽이처럼 도는 춤 동작
** 파쎄 : 한 다리가 지탱하는 다리의 무릎을 지나가는 동작
*** 샤즈망 : 공중에서 발을 바꾸는 도약

분홍 감기

생기를 포장한 봄이 다가온다

편지가 도착하기 전에는

뜯을 수 없는 암호가 걸린 선물

분홍 감기가 기다린다

훌훌 벗어버린 앙큼한 나신이 눈부신

갓 태어난 꽃의 쿠마리

떨림은 천진한 아이 같아서

배반할 줄 모른다

배달 사고 난 꽃밭에서 멈춘

환상이 쓰인 편지는 두꺼운 옷을 입고 있다

노란 편지지가 쿨럭이면

〈
피다 만 봄이 뛰쳐나간다

어린 꽃들이 용감한 봄이다

오래된 고백

서쪽이 길쭉한 눈을 빛내고 있다

저녁 바람에 흔들리는 꽃잎이 고개 숙인다

햇빛의 붉은 화인마다
기하학무늬가 돋아난다

기웃거리는 어제가 가난한 기억을 파고든다

한때 공들였던 시간들이 잘려 나가면

고여 있는 오래된 슬픔도 몇 인치가 줄어든다

당신의 눈매가 홀쭉해질 때마다 푸른 빛을 잃어가는 저녁

한쪽이 사라지면
다른 쪽이 나타나는
개와 늑대의 시간

당신은 혼잣말로 시드는 붉은 언어들
〈

오래된 고백이 버려지는 것을 서쪽은 알고 있을까

탱탱한 설렘이 피어나고 있다

발등 찍혔다

정오가 막 지난 시각에 달이

거미줄에 걸린 채 우는 것을 보았다

들썩이는 둥근 어깨를 별이 쓰다듬어도

깊은 곳은 늘

긁을 수가 없었다

몸서리치게 휜 소나무 껍질이 붉어지는 날이었다

솔방울이 떨어지고 솔잎이 곤두설 때

까무룩 선잠 들던 달

왜 그때였을까

바람이 결계를 뚫고
〈

눈이 부신 당신은 잘도 찾아왔다

내 발등이 파랬다

어떤 새의 이력서

우아하고 고고하게 날고 싶었다

척박한 황무지라 아직은 낯설었다

부드럽고 연약한 날개라야 몸이 가볍다고

바람에 수없이 부딪히며 살았다

공기 방울을 셀 수 없이 들이켜야 날아가는 몸짓이 되는 너는

날카로운 돌멩이에 부리를 쪼았다

자꾸만 흔들리는 날개도 뽑았다

흔들리는 풍차를 닮기 위해 공중에서 하강하는 너는

가라앉은 앙금을 빗물에 내보내듯 말초신경도 버렸다

밟혀도 웃고 뭉개도 일어서는 너의 이력에는

그래도 태양을 향해 날아가는 이카로스의 용기가 보였다

나들목에서

두근거리는 쉼표 같은 그곳은 풍만한 곡선이다

파노라마 돌려볼 설렘들이 쌓여 있다

내가 막힌 날에는 밖으로 나가야 나를 볼 수 있다

당신과 내가
그에 그녀가
그들이 나와
뒤섞이는 머랭 치기가 이어진다

나는 당신과
당신은 나와
우리는 그들과 뒤섞인다, 빗물처럼

도도한 드레스 코드 샐쭉한 파티가 그 끝에 있다

공평을 깎아내릴 사도는 없어

가끔은 나가서 서로를 바라보다 보면

우리는 물기 어린 그들에게 젖어 들기도 한다

로사리오[*]

정원에 새로 빚은 가슴이 앉아 있다

당신의 잠들지 않은 장미들이
곱게 머금은

멍이 든 바다에서 십자가에 매달린 구슬을 보았다

앙가슴을 밀고 들어온 게가
집게 잃은 등딱지로 몸부림치듯

씹지 않은 노을을 삼킨 등대가 밤을 흔들고 있다

십자가를 짊어지고 오신
당신이 누우면
기쁨에 로사리오, 로사리오

뜨거운 기도의 구슬을 끌어안은
새벽이 눈물 흘리면
환희로 영롱해지는 구슬, 구슬들

가슴에서 시들었던 장미의 가시들

〈
정원에선 새로 태어난 가슴이 들썩인다

* 로사리오 : 장미정원을 뜻하는 라틴어 로사리움(rosarium)이 어원으로 가톨릭 교회의 묵주(默珠)를 말한다

계주

뜬금없이 나타나 박힌 가시를 빼내는

호흡이 엉키는 곳에 둥지를 튼 독버섯, 독설 같은

한 잎 두 잎 달리다가 목이 마르면

떨어지는 것이 너와 나의 계절인 줄 알았다

서로에게 감염된 물방울은 검어지는 걸까

그제는 풀숲에서

어제는 마천루에서

옹알이 겨우 하는 천사의 물빛 드레스까지

스케이트 탄 바람의 등을 타고 달려온다

다음 주자는 보이지 않고
〈

폭설에서도 피어나는 꽃들의 말을 전하는 잔다르크

네가 있어 나의 오늘이 낮달처럼 돌고 있다

롤*하는 남자

밤을 내어주고 대낮을 얻는다

다섯이 모이면 어둠이 살해당하는 거울

민낯이 설치는 방에서

하루가 만만한 문자들이 도끼눈을 부릅뜨고 있다

키보드 전사들의 비늘이 우수수 떨어지는 웅덩이에

찌릿한 그녀가 내 뿜는 냉기를 오독하는 그림자

그가 밀고 있는 세상이 홀로 창백해진다

도발이 부추긴 궤적에서 날뛰는 야생마의 꼬리를 잡는 것이

그와 그녀의 롤이다

서로가 그은 금 밖에서 진흙처럼 비어져 나오는 비릿한 냄새
〈

떼어낼 그의 지문을 톺아보는 그녀의 키보드가

너덜너덜하게 해지고 있다

* 롤 : 리그오브레전드(League of Legends)로 라이엇 게임사에서 개발한 게임

아름다운 당신을 위하여

날렵한 것들의 이별법이 궁금하면
몸의 나이테를 보세요

감히 당신의 울음을 볼 수 없었어요

키 작은 내가 커다란 당신의 그늘이 될 수 있을까요

쉽게 날아가 버리는 사연들은 간직할 수 있을까요

당신의 베어지는 허리만큼 키워냈던 순간들이
저 구름이 읽은 동화책 쪽수와 맞먹는다는 걸

목소리는 또 얼마나 탕진한 걸까요

어제는 눈물겹고 오늘은 벅차요

숨 막혀도 버리고 싶지 않아
슬픈 오늘을 또 빌려와요
〈

먹먹한 것들은 아름다운 것들의 심장일까요

당분간 또 눈이 펑펑 울음처럼 날리겠지요

2부

행동중독

흑과 백이 있다

빛이 무서워 밤에 숨은 너는 눈초리가 하나

몸을 가둔 어둠이 뒹군다

칸이 기울어진 계단이 무서워 밤이 눈먼 걸까

탈색한 어제는 백지가 되고

너와 내가 바뀌는 동안

너는 검은 눈으로 나와 멀어진다

날렵해진 나는 달이 되고

너는 정오 다이얼에 순결을 내어준다

이별은 해를 보고 쏜 주파수일까

너와 나는 흑이나 백이 아닌 色의 핏발이다

꽃의 다크 서클

보이지 않는 다크 서클은 신비주의자

가끔 안대 씌우는 굴절에 꽃그늘이 생깁니다

언제라도 떠날 듯 삭제한 당신은 신비하지 않습니다

꽃잎 위에 떨어지는 빗방울은 검은색입니다

울퉁불퉁한 언어로 적신
굵은 햇살은 붉은색입니다

번쩍거리지만 섬찟한 중심을 공격하는 장마전선

어두운 절정을 뚫고 나온 오른쪽 그림자가
왼쪽 반달 모서리에서 환해집니다

놀란 꽃잎이
지상의 붉은 눈동자를 쓸어 담습니다

축 처진 당신에 햇살이 드리우면

〈
눈치 빠른 아침이 다가와 조용히 손을 내밉니다

덕분에 오늘 밤 꽃잎은 해맑습니다

어린 잠

아슴아슴 오후가 뽕나무에 걸터앉았다

검붉은 노을을 한입 가득 오물거리는 소녀

기울어진 햇살을 잡아당겨 일찍 잠이 들었다

가벼워진 하루를 매단 뽕잎이 살랑거렸다

눈썹이 올라간 소녀의 미감 안에서 누에가 이령=齡으로 가고

잘록한 달이 뽕잎을 잘게 썰고 있었다

꾸벅이는 초저녁을 재우는 자장가를 들으며

네 번의 꿈속에서 소녀는 뽕나무 잎처럼 자라고 있었다

적요에 놀란 별들이 홀로 빛날 때

입꼬리가 묘한,
비단을 휘감은 섶에서

소녀는
어린 잠이 조금씩 달아나는 것을 보았다

사랑의 질량

지나치게 많이 주면 집착이라며

밖에 드러내고

턱없이 부족하면 방임이라고

안에 숨는다

어중간하게 선심 쓰듯 준 대도

달갑지 않은 부피

오감만으로는 부족해서 때로는 육감까지

쉽지 않은 모스$_{morse}$ 부호

리터 컵에 필요한 양만큼

줄 수 있다면…
〈

그런데도 찾아 헤매는,

안에 있어도 삭막해지는 붉은 질량

그녀 방엔 드라큘라가 산다

빈틈을 단숨에 먹어 치우는 그가 있다

어두울수록 살결이 빛나는
칠흑이 낮은 목소리 잔뜩 깔아 놓은 곳에서
반짝이는 그가 시선을 끌어모으고 있다

직각에 사는 나는 날마다 그를 만난다
반질거리는 그에게 물리면
나는 활짝 피어나고
갓 나온 페로몬이 자정을 삼킨다

유난히 노곤한 봄처럼 뇌쇄시키는
반만 접은 눈으로 황홀한
그가 몹시 갖고 싶다

떨어뜨릴 상흔이 두려워
꼭 껴안고 서두르는,

밋밋한 그녀 방에 늘 그가 서 있다
〈

눈감아 준 햇살이 단잠 자러 가면
밤새 탐할 거란 기대로
서둘러 불러들이는 깜깜한 문장들

포근하게 휘감는 언어들이 찾아온다

고갤 숙여, 새하얀 목덜미가 팔딱이면
날카로운 송곳니가 정성 들여 깨물고 샅샅이 핥아주리라
우리는 부드럽게 어루만지는 연인

순순히 그도 나의 포로가 되고 싶었던 걸까

그녀 방엔 빛나는 드라큘라가 산다

오픈 채팅방

흔들렸던 지난밤의 울음을 물고 있는 아침이

잔뜩 흐려 있다

창을 지키던 모서리가 허공에서 맴돌다가

구겨진 문장에 손톱이 깨물린다

보이지 않는 질문이 돌아온다

가면 쓴 미소로 깊게 보조개 키운

행간에는 폭탄이 앉아 있다

날씬한 뼈를 가진 실들은 뱀처럼 허울을 벗어버리고

통뼈만 남은 밤하늘이 가위를 들면

잘려 나가는 검은 장막이 울부짖는다
〈

타박상만 끼워 어두운 귀를 가진 바늘만 남아

천을 깁는 호롱불처럼 갸웃한 방

글자 없는 거리에서

일탈을 꿈꾼 내비게이터가 잠적한 날

골동품 같은 그는 어디서 걸어왔는지 길을 잃었다

달을 찾는다는 핑계로 숨어버린 길뿐이다

그 많던 간판들은 모두 어디로 갔을까

연약한 글자들만 남겨두고

톡톡, 두드리는 울적한 빗방울에

내려앉은 불안이 헤드라이트 조도를 낮춘다

목적지에 당도할 수 있을까

정작 간판 없는 것들은
왜
늘 앞에서 달리는 걸까
〈

프롤로그와 에필로그 사이에는 어떤 글자가 사라졌을까

거리에는 목 졸린 방향 지시등만 뒤집힌다

밤의 채찍 소리가 꿈을 깨운다

나의 일탈은 붉은 엔진부터 꺼졌다

가방을 완독했습니다

어둠 속에 유배당한 그가 구석에 돌돌 말려 있다

직사광은 말보로 그린
가시선은 차이코스 맥스

숨 대신 니코틴으로 연명하는 그의
오래된 기도가 라이터를 켠다

넘보라살에 호흡이 내맡겨진 주말 오전
가방이 펼쳐진다

한때 춤추는 신선나비가 눈썹 뼈를 쓸던 때가 있었다

갓 태어난 보금자리에서 무료한 조명이 꺼지고
한숨을 훔치는 밤꽃이 올라탄 적도 있었다

오는 떨림에 미소로 강아지 귀를 만들고
슬픔을 안주머니에 숨긴 서사가 마지막 손톱에 닿는다

까마득한 몇 해를 폐부 깊이 들이마시고

깨어나지 않을 긴 여행을 떠나는 그는

가방의 문장을 완독한 것이다

으스름 깊은 언덕에서

잘 넘겨온 그의 페이지에서 멀미가 난다

비틀거리는 글자 너머에서 주저앉아 있는 새들은

떠나야 한다는 걸 알고 있는 걸까

흩뜨린 글발들이 변주한 것은 끝이 아닌 시작

틈틈이 모아놓은 추억들을 퍼즐로 맞추는 나는

으스름 깊은 언덕에서 혼잣말한다

'그의 모습을 무두질한 겉표지가 흔들린다고'

윤슬을 닮은 소녀의 계절을 훔쳐보던 그에게

내가 다 훑어본 계절은 이제 보내줘야 하는 걸까

배웅하지 않아도 떠나는,
〈

쓸쓸한 그런 저녁에는 언덕에 올라도

그의 얼굴이 떠오르지 않는다

빗속의 남자

서걱거리는 표정이 비에 어울리지 않는다

그와 섞이지 않는 얼굴이 젖고 있다

떨면서도 버티는

찰박찰박한 그가 기울어진다

비가 스러진다

그가 뭉글어진다

달려가 안아 주고 싶은 그 곁으로

비상등을 켠 경적이 달려간다

서러운 사연들이

쿨럭 선 위에 쏟아진다

남자는 설움을 둥글게 끌어안는다

되고 싶다, 그래도 되고 싶다

어둠을 가르는 빛의 몰입을 본다

끌어안고 싶은 욕망들이 자라고 있다

자꾸 그림 속에서 배회하는 물음표들이,

서로를 지우던 마음과 몸이 다른 쪽을 보고 있다

경마장의 흙먼지처럼 뿌연 안개 사이로

부유하다 말고 추락한 글자들

열망보다 뒤처진
간절함보다 미약한

비상하기에는 어린 몸짓 같다

눈물처럼 던져진 허공에

그래도 무언가 되고 싶다고 나를 던져본다

환상통

우기에는 내 안의 그가 일기예보처럼 떠오른다

팽이를 돌리는 심장의 특보가 요란해진다

그를 찾았다는 안내 문자

종알대는 초여름의 봉숭화를 톡 터트리면 소나기가 내리곤 한다

우산 허리를 감싸 안은 그가 여름 속으로 뛰어간다

그의 향기가 시나브로 스며든 한때가 두근거린다

시계가 고장 나도 다정한 온기가 그리운 걸까

얼굴에 키스 세례를 서슴지 않는 여름의 팔뚝을 잘라도

그가 멈추었던 시계 초침 소리가 돌아간다

우기가 시작된다

잃어버린 그가 일기예보처럼 찾아온다

날 내놓아야 한다

달무리에 자물쇠 건 숱한 밤이다

하늘에서 외뿔소자리 별은 왜 꺼낼 수 없을까

내가 삼킨 새벽의 진실이 알고 있다

페로몬 발산하다 사라진 저 갓밝이 같은

어둡기 전 가장 밝다고 포효하는 밑바닥에서

앉은뱅이 사랑이 태어난다

눈에 든 어떤 미소가 황홀한 비춰였을까

넌,

동쪽에서 날 드러내야 한다

더 이상 개밥바라기와 숨바꼭질할 수 없는

너의 등 뒤에 내가 숨어 있다

3부

모다깃비

파란 하늘 아래에서
모다깃비 내리고 있다

햇살이 붉게 터진 수줍음을 핥아주고
그림자 사이로 벌어진 것들을 낚아챈다

풍경이 비상할 때마다 몸에서 맑은 종소리가 울린다

늘어뜨린 날파람 위에
날쌘 당신이 자리 잡는다

벌어진 것들이 빠르게 공중에 떠오르나 싶다가도
부끄럼이 떨어진다

햇살이 허리 곧추세워 당신의 절정을 앗아간다

풍경 접은 당신이 그림자 품에 숨고

저녁이 한 움큼 슬픔을 퍼 담는다

풀꽃 같은 가슴 위로 당신의 모다깃비 곱게 퍼진다

대파꽃

필력이 힘찬 여름이 모두 제 색으로 물든다

빼어난 미모로 찬양받는 하나같이 눈이 큰 꽃들

렌즈의 눈길에 굶주린

계절 깊이 빠진 파들은 햇살을 낭비하는 피사체

나도 매운 여자야
나도 꽃이야
나도 받고 싶다, 그 짙은 사랑

모두의 안중에 없는 나는
댓글 흔적 하나 없어 투명하다

독기 올라 알싸한
뇌수* 뚫고 튀어나온 가시 돋친 꽃

분명 나도 보라색 문장이야
〈

나 없인 하루도 못 산다는 서쪽 그이가
날마다 푸른 혈관처럼 읽는 계절에 피는

* 뇌수 : 중국 전설에 나오는 괴물

호명

하늘이 바다와 접속하는 그 어디쯤

그녀의 이름이 있다

웃음이 굴러가는 이름 속에서 간지러운

밀어들이 팝콘처럼 터지고

콜라의 미소가 눈동자에 박힌다

그 속으로 투신하는 눈부신 문장들

알몸으로 바다에 뛰어드는 별뗴처럼

된여울이 그녀를 부른다

물씬 젖고 싶은 계절이 그녈 불러들였다

바다의 눈썹과 그녀의 입술이 포개진다

탈출을 꿈꾼 ASMR

그녀의 쓰디쓴 한 모숨의 말에 잔뜩 구겨진

내려가고 올라가는 그의 땅거미가 깊다

펄펄 끓었다가 동상 걸린 머그잔에 오래된 약속이 담겨 있을까

돌돌 말린 그녀를 풀어내고 있는 그가

잔을 물리고 작은 입술을 주문한다

유리병 속에 갇힌 목소리가 쿨룩거리면
출렁이는 야밤을 홀짝이고
지나간 실수가 꿈틀거린다

한참 부여잡은 새벽이 고꾸라지면
굴러다니는 미련 한 병 속에서 탈출을 꿈꾼다

단잠을 빼앗겨 퀭한 그를 굴리는 이슬방울들

그녀의 눈망울이 꽃잎처럼 바라본다

구절초

올망졸망 따라다녔던
이름이 데이지인가, 소국인가

유기된 바람이 말해주더군
구. 뽕. 이라고

설마, 인식장애인가
왜 까맣게 묻어 두었을까

너의 비밀을 쫓아다녔지

돋아난다, 긁힌 기억이

나풀거리는 나비 문장으로 산허리에 묶어 놓고서

뒤척이는 계절 업은 등어리 떼어놓고
메아리 따라 날아가 버렸지

그랬다
눈은 붉으면서 차가운 알비노

색이 없어 서늘한 시선을 가졌지

아, 그때 나는
해리성 장애였나 봐

탬버린

어설프게 때리지 말아요
괜한 상처만 남으니까요

봐준다고 살살 치지 말아요
우스운 껍질만 벗겨지니까요

제대로 된 동작으로 급소를 때려줘요
당신의 문장으로 멍이 들도록

맞아야만 하는 운명이라면
제대로 세상에 맞서보고 싶어요

온몸으로 장렬하게 맞아 혼불 켜고 싶어요

더 세게
더 강하게
더 빠르게
온 힘을 다해 쳐봐요

메트로놈이 정신 잃을 지경까지

완벽한 헤비메탈을 향하여

전신으로 흔들다 보면
저절로 터져 나오는 심장의 절규가 들리나요

이제야 쓸 수 있는 자유라는 글자

당신은 오늘 얼마나 맞아 보았나요?
저녁이 얼마나 상쾌해졌나요?

로꾸거 새집

풀꽃보다 여린 그녀가 로꾸거 새집으로 갔다

성냥개비 든 팔각 정자에 한눈파는 청순한 말들이
여기저기에서 웃자라고 있다

천진한 문장을 품은 그녀는 멍에를 지고
허공을 구겨 놓고 나갔다

썰물이 써 내려간 방언들은 아기집을 향한 꿈의 대화였을까

자꾸만 어려지는 꺼꾸리에서는
사다리는 사라지고 날개가 돋아났다

다독이는 자궁에 모로만 소녀

집이라는 함몰된 시간이 고인 저 싱글 프레임에서
땅을 파먹고 있었다

로꾸거 요양원에서

현 인류의 웨딩

파장이 점점 번져만 간다

떨궈진 꽃술의 흔들리는 눈망울이 주홍빛이다

단단하게 일어서는 꽃의 솜털

바람이 전하는 벌들의 말이 종일 귓바퀴를 핥는다

끝까지 잠가지지 않은

꽃대의 무릎에서 점점 벌어지는 바람의 입술

아득해지는 꽃의 대화

밤이 붉어질수록 의혹의 눈이 흔들린다

햇살에 부풀어 오르는 질투의 그늘에서

점점 사라지는 꿀벌처럼 불순한 혼잣말을 꺼낸다

맹세를 머금은 반지가 겨울빛이다

유리창 동그라미

노을에 빠진 여백을 더듬고 있는 동그라미는
유리창이 될 수 있을까요

세상은 늘
안쪽에서만 헤엄치라고 이끄나요

당신에게 가 닿을 수 없는 행간
저 너머에는 침묵만 흐르네요

서로 딛고 올라선 동그라미가
무등 타고 저 멀리 갈 수 있나요

애매한 냄새가 나는 문맥에서 계절이 떨고 있어요

알 수 없는 색깔은 등에 빗금이 생겨요

구름에서 동떨어진 물음표가 떠오르는 네모난 유리창

어린아이 손에 끼운 고리처럼 따라가면 당신에게 가까워질까요
〈

당신에 가는 길을 찾는다고 깜빡이는 경고등에
채찍은 언제나 빨간 불만 물고 있어요

그때나 지금이나 가끔 등 두드리는 의문 부호

우리 창은 여기 아닌 저 바깥 어디쯤이 아닐까요

그래서 이토록,

안쪽이 시끄러운 건 아닌가요

가을이 떨어지던 날

바람 뒤쪽에서 하는 도둑질은 밤새는 줄 모른다

암컷 모기가 붉어진 것도 바람 때문이다

새벽에 책갈피가 검은머리물떼새처럼 떠오른다

구절과 구절이 손잡는 아침

냉정과 열정 사이에서

제멋대로 뒹구는 가을에 파고든 책 한 권

잡히지 않는 글귀로

아이샤도우는 민낯에 짙은 표정을 살리고

돌아볼 수 없는 그림자라서

읊조려보는 울음의 순간들
〈

O. 헨리 읽어주며 떨어지는 하늘은

열애 후 눈매를 지우라는 건지

그날 몹시도 땅이 흔들렸다

사이버 연인

사랑을 사육하는 커서가 옆구리에 꽃처럼 달라붙어 있다

환상을 통과하는 남자는
적赤이 보호하는 곳에 플러그 한
그녀와는 샤갈과 벨라

상상으로도 뼈가 부딪는 연인들의 빼어난 스크롤이
뜨거운 문장으로 익어간다

조명이 밝은 곳을 꺼리는 첫 만남

빛나는 명찰은 사라지고 그의 눈매가 잠겨 있다

드르륵

몸서리치는 그의 손끝에서 그녀가 첫 입술을 지운다

홀로 암전된 카페에서 샤갈과 벨라의

볼 붉어진 커피가 식고 있다

쇼팽 빗방울 전주곡

그곳에서 영원한 건 없다

괄괄했던 인디언 써머도 추락한

아스팔트 위 사방에서

부상자들이 나뒹굴고 있다

이 순간은 곧 과거

찰나는 점묘법 화가이다

읽은 문장은 작별하고

새로운 문장 맞이하는 방울 무리

어디선가 톡톡 튀는 동그라미가

만남과 이별에 융점을 찍는다

기억 상실증

입술이 조금씩 벌어진다

목젖에서 사라진 기억을 퇴고하는 파블로프의 개처럼

촘촘한 다짐의 외피가 자꾸만 벌어진다

가죽을 파고드는 피뢰침이 물약 같은 악어

사지가 버둥대고

장기가 뒤틀리고 벌어지는 엘니뇨의 하늘

대낮 병원에서는 노란 별이 뜨고

하루 꼬박 외박한 소나비구름이 산 아래 누워 있다

밤송이가 벌어진다

빛줄기 한 가닥 보듬어 보겠다고
〈

마취 없이 이겨낸 하루를 함부로 찢으며

이슬 맺힌 눈으로 목구멍이 숨긴 말

사라진 꽃잎을 예쁘다고 생각하는 순간

벌어지고 또 벌어지는 허공에서

활어 같은 문장이 홀로 팔딱거린다

4부

그가 왔다

부르고 또 불러도 들을 수 없어 날 세우는
저 나무는,
부르고 불러서 겨울의 음계를 완성할 걸까

발아래 울음을 삼킨 문장들을 씻어낸
긍정의 잎새에서 그가 일어났다

치와와의 날카로운 말을 물고 있는 고양이처럼

바위에 박힌 조개에게 바다를 돌려준 것처럼

겨울을 연주하는 그가 왔다

어딘가에서 고람 전기는 그를 가슴으로 그리고

백발의 영화인은 깊은 산중에서 그를 마중나간다

고요한 문장이 장갑을 끼고

내리치던 해머의 떨리는 목구멍처럼 그가

눈이 부시게 오늘로 왔다

사랑하면 예뻐지나요

가장 높았던 순간과 낮았던 순간을 함께한
여자를 서랍에서 정중하게 꺼내 줍니다

환희가 넘쳐 오르면 망가지는 백지장에
장미가 입술을 눌러 여자의 표정을
화려하게 그려줍니다

한쪽 모서리에 걸려 있는 발걸음이 걸을 때마다
울음이 맺히기도 합니다

벌게지는 새벽을 끌어안고
내내 입술을 토닥입니다

실감 나지 않는 흑백 영화 주인공이 된
여자의 머리카락을 과묵하게 어루만집니다

실컷 허리 품고
터질 듯한 가슴, 갓 피어난 유두

머리 풀면 평범하고

묶으면 화려해지는 친구

젠더는 무조건 F라고 우기는 여자
사랑하면, 예뻐지나요?

겨울 단편

그해 겨울은 짧게 끊어지고 찢어진 파편들이었다

모서리 끝난 꼭짓점에서 해묵은 상념만 읽은

씻지 않는 책들이 내 몸에 꽂혀 있었다

행간에 눌린 상처가 과감히 날 선 햇볕처럼 쓰여 있었다

제자리만 맴돌면서 돌보지 못한 집착이 매달려 있는

맹추위에 맨몸인 날 내다 버릴 수 있었을까

때 묻은 단편들을 솎음했는데

왜 붉은 물이 들었을까

녹이 슨 에필로그가 입을 꾹 닫았다

오래 읽지 않은 날들을 버린 것이다

버린 후에야 봄이 오는 책갈피를 열 수 있었다

챗 GPT

그는 감성이 없는 챗 GPT이다

그녀가 질문을 던질 때마다 근사해지는 그

평범한 그녀를 비웃는다

뚝딱 두드리며 분무로 왕관을 만드는 그

입맞춤해도 그녀는 그의 여왕이 되지 않을 것이다

쳇,
고장 난 질문들이 분열해도

그는
고통에 진지하고
유머로 웃기고
비유로 서늘하게
눈물로 공감하고
사실에 상하며
때리고 버무려 찢고 까불 수 없다

그의 유혹은 사이버공간에서만 해사한 꽃이다

메타버스

날 호명하는 텔레파시에 돌아봅니다
비녀 꽂은 달무리 아래에서 할머니가
고스톱을 치자고 합니다

군용 담요가 엎드린 점 100원짜리 내기 화투
주름진 패를 돌리는 밤에
짓궂은 미소가 깔려 있습니다

사행심을 베고 누운 담요에서 신난
동전들이 탬버린을 흔듭니다
눈이 빛나는 별들이 머릴 맞대고 훈수를 둡니다

총기가 흐르는 두 눈이 매섭게
청단, 홍단, 고도리, 팔광을 붙잡고
사정없이 패를 내려칩니다

죽도가 똥 피 놓친 허점을 노리고

피박은 별책, 광박은 부록입니다
〈

밤하늘에 번쩍 열꽃이 피어납니다

너무나 오래 밤을 읽은 얼굴에서 비열한 거래가 시작됩니다

LED 조명은 진땀이 나 고갤 숙입니다
애꿎게 우산 쓴 비광만 괴롭히다
점수를 검산하지만
흥건한 땀은 한결같습니다

피박은 한번 봐주세요, 네?
밤이 공손하게 손을 잡는 순간 할머니는 없고
휑한 공간에 정적만 가득합니다

길랭바레 증후군[*]

너로부터 시작된 통증은
삐뚤어진 오만과 편견을 입고 직립에 반항한다

기둥이 없어 흔들리는 파워퓨즈가
텅 빈 주머니에 거짓 상상을 구겨 넣는다

행복이라는 언어를 잊어버린 어제가
오늘의 끝에서 너를 나라고 부른다

한쪽이 자라면 다른 한쪽이 사라지는
말초신경이 벌집처럼 술렁거린다

사랑도 단단해지면 네 안에서 불꽃으로 튀는 걸까

절정이 부른 고요가 우리를 하나가 되게 한다

따뜻한 네가 마침내 돌아온다

[*] 말초신경과 뇌신경에 광범위하게 나타나는, 원인이 명확하지 않은 염증성 질환이다

거인과 그대 그리고 기후

뻐꾸기 날아간 둥지에는 숨이 들어오지 않는다

참을 수 있는 날숨과 들숨은 하나였을까

젊은 그대가 쉰 소리를 하고

온기를 걷어지르는 커다란 바퀴에 계절이 분해된다

젖은 눈으로 나아가는 그댈,

지구는 자꾸 비웃고

빗소리를 구겼다 펴면서 작별을 고하는

잭이 키운 콩나무들, 까마득한 그 어딘가에서

거인은 팔짱만 끼고 있다

인간과 AI가 둠스데이 가까이 살고 있다

참아 주세요

어제는
왜 그리 숨소리가 딱딱했나요
거미손이 아무리 춤추어도
반응이 없어 의기소침해졌어요

나보다 너무 앞선 그림자로 깃발을 휘날리지 마세요
검은가슴물새처럼 짧은 해안선에서 미아가 된답니다

갈수록 어려지거나
갈수록 늙어가는 것은
하늘에서는 시소 타는 것으로 보지 않을까요

주름에서 자유로운 당신
위성을 품고 사는 당신이
어쩌다 물음표와 느낌표를 가진 나를 만났나요

점점 어두워지는 당신 보려고 주파수 들어 올립니다
창이 뻐근해졌지만
당신이 내 안에 들어오기만 기다립니다
〈

앞서간 당신,
참아 주세요

내 그림자는 아직 로밍되지 않았습니다

남은 명패 한 조각

땅거미가 내려오며 발견한 것은

얼어붙은 땅 위에서 벌거벗은 채 앉아 있는 피자 한 조각 같은 그다

처음 박스가 뜯겼을 때는 분명

별들이 모여들었을 것이다

배고픔이 먼저 한 조각을 먹고

침대가 누으며 한 조각

책상이 까치발 들고 한 조각

다리 꼰 피아노가 한 조각

그리고 남은 불안 한 조각은 선택받지 못하고

나타났다 사라지는 뜬구름처럼 차가워졌다

〈
가끔은 그리 허명 한 조각을

차가워진 명패처럼 그녀가 부둥켜안은 적이 있다

붉은 그늘

그는 그늘에서 눈물을 흘리지 않는다

휘청이는 우뭇가사리가 저녁의 목도리를 감는다

어제의 털모자 쓰고 싶다는 욕망만으로

슬며시 탈출을 감행하는 오후

모서리가 성호를 긋고 장렬하게 처음으로 돌아가는 걸까

천적에서 멀어지면 곤두박질하는 불안이

사위어가는 목소리로 호흡을 멈추는 순간

저만치 그가 되고 싶은 동백이 뚝뚝 떨어진다

그를 남겨두고

눈물 혼자 붉은 그늘이 된다

이웃의 역습

이틀이 멀다고 찾아오는 그가 있다

흐릿한 얼굴로 그림자로 살 뿐

알 수 없는 문장으로 나를 넘나든다

띵동,
인사도 없이 또 다녀가는 그

가끔 변덕을 부리거나 까탈스러운 그녀에게
한결같이 찾아온다

그녀가 모처럼 쉬라고 태그를 건다

그가 지나간 자리에는 야수의 페로몬이 앉아 있다

채 지워내기도 전에
또 다른 그녀들이 그를 찾는 주문이 밀려든다

까딱거린 건방진 주문에도 총알처럼 달려오는 그가

오늘의 선물상자다

유자철선은 눈물을 보여주지 않는다

뾰족한 몸을 서로가 옭아맨다

직선은 같은 곳을 바라보는 선일까

소통보다 소통 아닌 것을 따라가는

열림은 달갑지 않고
닫힘은 차가운

보호하지 못한, 가시들의 슬픔이다

심장이 뚫린다는 건 지키지 못했다는 것일까

부드러운 미풍의 볼에 손이 닿으면

더 옥죄는 것만이 떳떳한

곡선에 얼린 선으로 가슴을 접는다

느슨해지면서 지킨다는 것은

어쩌면

지독한 떨림일지 모른다

알리바바의 도둑들

몰려다니는 검은 빨대가 있다

가장 찬란한 꽃망울의 입술을 훔치려는

굴절된 미소가 흐른다

소리도 냄새도 없는 발톱 세운 고양이

온 적 없는 아련한 그의 가벼운 말투가 보고 싶다

마구 흔적을 남기는

불량한 문장들이 뒤엉킨 쪽수를 자랑한다

불청객의 모바일이 마르자나의 비밀번호를 찾는다

사시나무처럼 흔들리는 눈을 가리고

세차게 흔들리는 문장에 맞서는 그녀의 남자

닫혀라, 참깨

■□ 해설

자아의 거울에 비친 존재의 현상학

이화영(시인, 문학박사)

1. 꽃의 언어와 몸의 시학

　민은숙 시인의 시집 『분홍감기』는 여성의 자기 고백적 시 쓰기를 통한 내적 투사를 겨냥한다. 시인의 시적 태도는 자신의 밖이 아닌 내면의 세계를 들여다보고 여기에서 어떤 의미를 발견한다. 민은숙 시는 무심하게 흘러가고 있는 시간과 그 안에서 힘겨운 실존을 구성하고 있는 자신의 생의 형식에 대한 삶의 노래이다. 시인의 태도는 꼼꼼한 성찰과 글쓰기로 운명에 대한 사랑과 쓸쓸한 이별과 무거운 존재론적 성찰이 대등하게 놓여 있다. 융은 개성화를 "우리에게 주어진 개별적 숙명을 충족하는 오직 하나의 심학적 발전 과정"이라 하였다.

  개성화란 본래의 자기가 되는 것으로 자기실현이라고 할 수 있다. 세상에 태어날 때부터 가지고 나온 모든 정신을 남김없이 발휘하고 통합하여 온전한 내가 되는 것이다. 시의 표면에 드러난 그녀의 몸속 깊이 새겨져 있을 것만 같은 상처는 시인이 의식하든 의식하지 못하든 하나의 상흔으로 존재한다. 하여 시의 이면에는 그 '상처'들을 감내하고 치유하려는 시인의 의지가 지속적으로 관류하고 있다. 시인과 세계와의 만남은 존재의 상처가 깊고 선명할수록 속 깊은 관찰과 고백을 불러온다. 이것은 시인의 상처에 대한 민감한 자의식을 반영한다. 시인의 선연하고 심미적인 감각이 빚어낸 내밀한 고백적 글쓰기는 풍요롭고 안정적인 물질적 상상력을 보여준다.

    그녀는 소녀지

    소녀의 얼굴로
    연보라 수수꽃다리 입고 걸어 다니지

    낮달이 표정을 그려주고

해거름이 그녀의 손 부여잡지

어둠이 하루를 씻기고
저녁이 얼굴 두드리면
그가 그녀에게 꽃, 수를 놓지

다시 분홍 저녁처럼 피어오른 봄의 가지들

거울 속에서 그녀의 붉은 실이
사부작거리고 있지

그가 촘촘히 묶은 것은
붉은 실, 그녀
여전히 향기 품은 흰 꽃이라지

- 「꽃, 수를 놓다」 전문

우리가 익히 알고 있듯이 시는 주관적이고 고백적인 특성을 지니고 있다. 우리를 둘러싸고 있는 뭇 사물은 인간에게 안정을 제공하는 생명의 보금자리이자 행동을 일정하게 제약하는 감옥이기도 하다. 시인은 운명적으로 주어진 삶의 터전에서 때론 온

몸을 수반한 글쓰기를 하고 있다. 자연의 언어·식물의 언어는 몸으로 내는 기척이다. 소리 없는 것들의 말을 들어보려는 행위는 세계를 이해하는 데 한 단계 성숙한 행위로 볼 수 있으며 식물은 그 자신이 소리 내지 않는 소리 없는 존재이므로 식물의 언어는 타율적이다. 식물을 바라보는 화자의 감정 상태를 투영하는 방식으로 그들에게 언어는 주어져 왔다.

  민은숙 시에서 '꽃'은 존재 전환의 순간에 의해 생성된 생명의 등가물이다. 위 시에서 꽃은 말을 하는 대신 온몸으로 언어화한다. 그들이 어떻게 말하고 또 무엇을 말하는지 꽃의 언어에 주목해보자. "소녀의 얼굴로/ 연보라 수수꽃다리 입고 걸어 다니지" 꽃의 개화 과정은 때로 '사랑'의 갈망을 나타내는 시에서 그대로 반복되기도 한다. 사랑의 감정은 자아를 전환시킨다. 자신이 가지고 있는 기존의 세계는 타자를 받아들임으로써 파괴된다. 이런 과정에서 꽃의 언어는 기억해야 할 꽃과 시간이 멈추는 꽃의 존재 지점을 확보한다.

  민은숙의 시에서 꽃은 매번 다시 태어나는 순간과 영원으로 이어지는데 이것은 "낮달이 표정을 그려주고/ 해거름이 그녀의 손 부여잡"는 죽음을 전제로 하는 태어남이 있기에 가능한 것이다. "어둠이 하루를 씻기고/ 저녁이 얼굴 두드리"는 두 사건은 우주적 개벽의 순간이며 죽음과 생명은 다시 태어나는 "분홍 저녁처럼 피어오른 봄의 가지들"인 것이다. "거울 속에서 그녀의 붉은 실이 사부작거리고 있"는 지금 이때 꽃은 이름을 얻으며 언어화된다. 꽃이 꽃으로 불리는 그때 "붉은 실, 그녀 여전히 향기 품은 흰 꽃"으로 피고 지는 언어가 뚜렷하게 드러난다. 이처럼 반복되는 생장의 순간은 인간의 생애와 흡사하다.

「꽃의 다크 서클」은 물질적 감각을 좀 더 인간의 그것으로 옮겨간다.

> 보이지 않는 다크 서클은 신비주의자
>
> 가끔 안대 씌우는 굴절에 꽃그늘이 생깁니다
>
> 언제라도 떠날 듯 삭제한 당신은 신비하지 않습니다
>
> 꽃잎 위에 떨어지는 빗방울은 검은색입니다
>
> 울퉁불퉁한 언어로 적신
> 굵은 햇살은 붉은색입니다
>
> 번쩍거리지만 섬찟한 중심을 공격하는 장마전선

〈
어두운 절정을 뚫고 나온 오른쪽 그림자가

왼쪽 반달 모서리에서 환해집니다

놀란 꽃잎이

지상의 붉은 눈동자를 쓸어 담습니다

축 처진 당신에 햇살이 드리우면

눈치 빠른 아침이 다가와 조용히 손을 내밉니다

덕분에 오늘 밤 꽃잎은 해맑습니다

-「꽃의 다크 서클」 전문

"보이지 않는 다크 서클은 신비주의자/ 가끔 안대 씌우는 굴절에 꽃그늘이 생기"는 시간의 움직임은 개화와 낙화의 시절을 지나 청춘이 가는 소멸의 이미지이다. 혼돈과 쓸쓸함을 한꺼번에 감각화하는 시적 공간이다. 생의 봄날은 오랜 시간 지극한 기운이 만들어낸 원인이자 결과인 다크 서클을 화자는 "꽃잎 위에 떨어지는 빗방울은 검은색/ 울퉁불퉁한 언어로 적신/ 굵은 햇살은 붉은색"으로 전환함으로써 시적 자아의 내부로 밀려드는 쓸쓸한 감정을 표상하는 감정의 등가물로 해석된다. 신체 변화를 나타내는 이러한 이미지들은 체념적이거나 소모적이거나 스스로를 해치는 위험한 에너지로 기능할 수 있는 데 반해, 몸마저 마르는 먼 길에 대한 지속성이야말로 민은숙 시인의 원천적 거처인 셈이다.

"어두운 절정을 뚫고 나온 오른쪽 그림자가/ 왼쪽 반달 모서리에서 환해집니다" 생명적 에너지가 의지로 제어하지 못하는 상태에 이르게 되면 병적인 자아의 모습이 부각하게 된다. 그러나 시인은 '꽃의 다크 서클'에 대한 눅눅한 고백에 멈추지 않고 상상적 자기 개진의 과정을 거치면서 질적 고양과 내적 도약을 전제로 하고 있다. '꽃의 다크 서클'은 어둠이 깊어갈수록 그 어둠을 밝히고 사르는 먼빛의 상승으로 인해 들불 같은 파동을 보여준다. 그 쓸쓸함 속에서 그녀는 "축 처진 당신에 햇살을 드리우"는 시적 자아의 내적 변화를 암시하고 있는데 이는 어떤 대상이나 세계 속으로 온몸을 던져, 이로부터 오랜 감각과 사유의 과정을 거쳐야 얻을 수 있는 것들이다.

「꽃의 다크 서클」이 몸의 고백에 멈추지 않고 상상력을 감각적으로 체득하고 있다면, 「분홍감기」의 "뜯을 수 없는 암호가 걸린 선물"은 궁극적으로 생로병사의 어두운 경험과 기억으로 깊은 세계를 지향하는 의지로 방향을 잡기도 하고, 「구절초」의 "색이 없어 서늘한 시선"은 긴 세월을 따라 비밀을 좇고, 상처의 기억을 나비 문장으로 산허리에 묶어 놓는다. 열리고 잠기는 순간이 꽃으로 들어오는 환각을 불러온다. 화자는 스스로 거듭나는 생성적 과정을 섬세하게 보여주며 삶과 죽음의 연속성을 자신의 몸속에 있는 기억의 길로 완성한다.

2. 상처, 속 깊은 현상학

현재에 대한 망각은 자신이 몸담은 '지금 여기'에 대한 좌절일 뿐 아니라 미래를 포기하는 비극적 행위이기도 하다. 현재와 미래가 궁극적 유대를 이룰 수 없을 때 민은숙의 시적 에너지는 이러한 상처와 슬픔의 발원지가 좀 더 근원적인 차원으로 옮겨진다. 시인은 스스로 써야 한다는 새로운 상상의 반란적 글쓰기의 창조를 시집 『분홍감기』를 통해 확연하게 증언한다. 인간은 살아있는 한 자신의 정체성을 완벽하게 포기할 수 없다. 어떤 방식으로든 자기 존재의 근거를 스스로에게 제시해야 한다. 현재의 존재 방식이 상처와 단절의 공간이라면 이 슬픔을 무엇으로든 대체할 필요가 있다.

민은숙은 모순된 현실과의 직접적인 대결을 시에서 보여주지 않는다. 그녀가 선택한 방법은 몸이라는 육체적 영토를 거슬러 가는 것이다. 그러나 이와 같은 행위는 단순히 도피나 퇴행으로 평가할 수 없는 복잡성이 내포되어 있다. 시인은 '자기 자신'이라는 텍스트를 언어로 말하며, 잔잔한 영혼에 파문을 일으키는 여성적 글쓰기의 섬세한 언어의 불꽃을 제시하고 있다.

    날렵한 것들의 이별법이 궁금하면
    몸의 나이테를 보세요

    감히 당신의 울음을 볼 수 없었어요

    키 작은 내가 커다란 당신의 그늘이 될 수 있을까요

    쉽게 날아가 버리는 사연들은 간직할 수 있을까요

    당신이 베어지는 허리만큼 키워냈던 순간들이
    저 구름이 읽은 동화책 쪽수와 맞먹는다는 걸

    목소리는 또 얼마나 탕진한 걸까요

〈

어제는 눈물겹고 오늘은 벅차요

숨 막혀도 버리고 싶지 않아
슬픈 오늘을 또 빌려와요

먹먹한 것들은 아름다운 것들의 심장일까요

당분간 또 눈이 펑펑 울음처럼 날리겠지요

- 「아름다운 당신을 위하여」 전문

 민은숙 시인은 자신이 경험한 삶의 상처와 인성의 역사를 언술한다. 위 시에서 상처와 관련을 맺는 시어로는 '몸의 나이테', '울음', '그늘', '구름' '눈' 등이 있다. 이 중 무엇보다 가장 잦게 호명되어 시의 전면에 등장하는 공간 차원의 시어들은 주로 '축축하고 젖음'에 있는 것을 알 수 있다. 이들 이미지의 속성은 차갑고 얼어붙는다. 이들은 신체적이며 물질적인 불행으로 정리되며 때로는 '죽음과 불행'을 내포하는 물질이 되기도 한다.

 시인의 시선이 "날렵한 것들의 이별법"을 "몸의 나이테"를 통해 보는 순간이야말로 민은숙 시학의 한 초점이 아닐 수 없다. 궁극에는 사라지는 찬란한 날들의 만남이 "쉽게 날아가 버리는 사연"으로 늙어가고 "당신의 베어지는 허리만큼 키워냈던" 눈부신 통증의 시간은 실물적 과정에서 "숨 막혀도 버리고 싶지 않은" 기억으로 현상하고 있다. "먹먹한 것들은 아름다운 것들의 심장"이라는 뜨거운 은유는 시적 자아의 마음 자세를 가다듬는 행위와 연관된다. 이는 다시 "당분간 또 눈이 펑펑 울음처럼 날리겠지요"라며 시인은 아름다운 심미적 순간성으로 그것을 넘어설 것이다. 남겨진 눈부신 순간은 아름다운 영상과 소리라는 질감으로 의미화된다.

다음 시편인 「행동 중독」은 감각을 좀 더 정화의 공간으로 옮겨간다.

흑과 백이 있다

빛이 무서워 밤에 숨은 너는 눈초리가 하나

몸을 가둔 어둠이 뒹군다

칸이 기울어진 계단이 무서워 밤이 눈먼 걸까

〈

탈색한 어제는 백지가 되고

너와 내가 바뀌는 동안

너는 검은 눈으로 나와 멀어진다

날렵해진 나는 달이 되고

너는 정오 다이얼에 순결을 내어준다

이별은 해를 보고 쏜 주파수일까

너와 나는 흑이나 백이 아닌 色의 핏발이다

— 「행동 중독」 전문

    현재의 마음을 정화함으로써 화자는 과거의 시간을 회복할 수 있는 것이며 이때 현재의 부조리함은 과거의 시간과 공간에 의해 다르게 재편성된다. 인간의 고뇌를 다스리는 과정으로써의 자아 변신은 인간 존재를 구속하는 지상의 삶으로부터 초월하려는 공기적 상상력과 자유의지와 관련된다. 앞에서 말한 바와 같이 육체적 영토를 거스르며 확장시키는 시인의 자아 변신은 공중에 퍼져있는 존재의 형상을 나타낸다. 이러한 자아 변신의 과정은 자신의 형체를 무형화하는 공기적 상상력에 의해 더욱 심화된다.

"흑과 백이 있다/ 빛이 무서워 밤에 숨은 너"와 나는 '우리'의 관계로 변화되면서 폐쇄적 공간에서 열린 공간으로 확장한다. '흑'이 상징하는 좁고 위험한 길을 지나 '백'이 상징하는 흰색은 정화된 공간을 암시한다. "몸을 가둔 어둠"에서 '어둠'은 문의 이쪽과 저쪽을 연결해 주는 경계의 공간 이미지다. 문이 열리지 않는 이쪽의 공간은 "칸이 기울어진 계단/ 탈색한 어제"이다. 문을 열고 흑과 백 이쪽에서 저쪽으로 갈 수 없다면 화자는 생명을 가로막고 있는 죽음의 공간 속에 갇히게 된다.

이러한 공간은 "너와 내가 바뀌는 동안" "날렵해진 나는 달"이 되어 간다. 이것은 재생 가능성이 이루어낸 상처와 삭임의 시간이다. 끝없는 반복의 연속만이 있을 뿐 질적 변화는 이루어지지 않는 것이다. 시적 자아는 이러한 시간과 공간 속에 "너와 나는 흑이나 백이 아닌 色의 핏발"로 갇혀 혹독하고 찬연한 겨울을 지나고 있다.

3. 언어로부터의 여성 소외

민은숙 시편들에서 여성 자아내면은 시집 제목에서 암시하는 『분홍감기』처럼 말랑하고 감각적인 시편들을 보여준다. "소녀의 얼굴로/ 연보라 수수꽃다리 입고 걸어 다니지"(「꽃, 수를 놓다」), "생기를 포장한 봄"(「분홍감기」), "달콤한 아침을 빗질"(「봄이 올라탔다」), "태양을 향해 날아가는 이카루스"(「어떤 새의 이력서」)에서 보여주는 시편은 억압이나 위협받는 자아에 대한 불안을 표출하기보다는, 의미가 선하고 동적이며 시적 긴장미를 획득하고 있다.

지나치게 많이 주면 집착이라며

밖에 드러내고

턱없이 부족하면 방임이라고

안에 숨는다

어중간하게 선심 쓰듯 준대도

〈

달갑지 않은 부피

오감만으로는 부족해서 때로는 육감까지

쉽지 않은 모스morse 부호

리터 컵에 필요한 양만큼

줄 수 있다면…

그런데도 찾아 헤매는,

안에 있어도 삭막해지는 붉은 질량

- 「사랑의 질량」 전문

"여성들의 심리 속에는 자신의 이야기를 씀으로써 자신의 경험을 이해받거나 정체성을 찾고 싶다는 욕망이 있는 한편, 자신을 드러내는 일에 대한 두려움과 그 때문에 비난받을지도 모른다는 공포가 공존한다."(김미현). 한국 여성주의 문학 혹은 여성주의 시의 전개에 있어 1980년은 각별한 의미를 지닌다. 여성 억압의 체계 및 이념적 기반에 대한 관심이 증대되면서 과감한 서사적 내용의 수용과 과격한 전복의 목소리를 내기 시작한다.

민은숙의 시편들은 불과 얼음의 양면성을 가진 '사랑'의 모순에 대해 노래한다. 시적 자아의 내부로 밀려드는 사랑의 감정은 "지나치게 많이 주면 집착이라며/ 밖에 드러내"며 시적 자아의 내부로 밀려드는 사랑의 감정을 '집착'으로 표상하는 모순을 경험한다. "턱없이 부족하면 방임… / 달갑지 않은 부피"는 사랑과 불화의 시간이 다채롭게 변형되는 속성의 것임을 은밀하게 보여준다. "그런데도 찾아 헤매는" 시적 대상에 대한 각별한 사랑은 그 어떤 상황에서도 "줄 수 있다"라는 특별한 자의식으로 충만하다. 이 시는 의미론적으로 '집착', '방임', '선심', '부피'라는 사랑의 과정을 보여준다. "안에 있어도 삭막해지는 붉은 질량"은 단계의 감정을 치르는 몸의 질서가 시적 구체성을 확보하고 있으며, 찰나적인 나의 존재를 모순적 사랑의 질서 속에 편입시킬 수 있었던 것이다.

다음 시편인 「겨울 단편」은 버려진 언어가 몸의 언어로 통합되는 과정을 보여준다.

그해 겨울은 짧게 끊어지고 찢어진 파편들이었다

모서리 끝난 꼭짓점에서 해묵은 상념만 읽은

씻지 않는 책들은 내 몸에 꽂혀 있었다

행간에 눌린 상처가 과감히 날 선 햇볕처럼 쓰여 있었다

제자리만 맴돌면서 돌보지 못한 집착이 매달려 있는

맹추위에 맨몸인 날 내다 버릴 수 있었을까

때 묻은 단편들을 속음했는데

왜 붉은 물이 들었을까

녹이 슨 에필로그가 입을 꾹 닫았다

오래 읽지 않은 날들을 버린 것이다

버린 후에야 오는 책갈피를 열 수 있었다

-「겨울 단편」 전문

"그해 겨울은 짧게 끊어지고 찢어진 파편들이었다" 시인은 황량하고 매서운 겨울을 지나고 있다. "씻지 않는 책들은 내 몸에 꽂혀" 현실과 내 기억의 어느 참혹한 공간으로의 복귀를 일정 부분 인정하고 있다. 뒤풀이 되는 "행간에 눌린 상처"와 "때 묻은 단편들"은 일순간 생의 마지막 경계까지 도달했으며 생이 끝나는 지점 어딘가로 가고 있는 사실을 반증한다. 육체성은 현실의 구체적 상황에 적응하면서 자유로운 의식을 결박하거나 방해하기도 한다. "녹이 슨 에필로그"는 겨울의 상징으로 공간 해체를 의미한다고 볼 수 있으며 막이 내린 공간의 "맹추위에 맨 몸"을 지탱해야 하는 절대적 과제는 관념보다 앞서 현실의 문제에 직면하게 된다.

"오래 읽지 않은 날들/ 버린 후에야 오는 책갈피"처럼 무수한 욕망은 우리를 유혹하고 동시에 괴롭힌다. 민은숙은 인간적 욕망과 인간을 괴롭히는 고통으로부터 초월하기 위해 끊임없는 물질적 상상력을 동원한다. 이는 육체가 갖는 구속적 의미를 해체 시켜 가벼움과 자유로움을 획득하고자 하는 존재의 형이상

적 의식을 말한다.

    민은숙 시인의 시가 갖는 여성적 글쓰기는 자연 친화적이며 몸의 언어를 통해 사유한다. 시인의 자아의 거울에 비친 존재는 무의식적 세계 너머를 살피며 겨울 강을 건너고 있다. 시인의 '꽃의 언어와 몸의 시학'에 동참하면서 새로운 변신 은유와 봄물처럼 찰랑이는 상상력을 경험하였다. 시인의 시에서 발견한 "너와 나는 흑이나 백이 아닌 色의 핏발"이 더욱 선연하고 빗발치는 지극한 언어로 남아 시의 진경을 보여주기를 기대한다.